4人の作曲家による連作ミサ曲

深き淵より

森山至貴・相澤直人・市原俊明・名島啓太 作曲

カワイ出版

4人の作曲家による連作ミサ曲

深き淵より

　このミサ曲は、「名島啓太とみんなの30年」〜指揮者生活30周年記念演奏会〜というコンサートで、出演してくださった合唱団のメンバーに何か記念として作品を残そう、ならばご縁の深い、若い作曲家の皆様と私とで一つのミサ曲を連作してみるのは面白いのではないか、と考えて、私が3名の若い作曲家に委嘱をして完成したものです。演奏会のコンセプトが「集い」であったこともあり、「ミサ」というアイデアにも自然と結びつき、作曲家の皆様にもご快諾いただきました。

　作風の違う4人が、それぞれバラバラに作曲してしまうと取り留めのない作品が集まっただけになってしまうので、統一性を持たせるために、ルター作曲のコラール「深き淵より」の旋律を共通の主題として書こうということになりました。また初演となる演奏会がジョイントコンサートとであるいう性質上、練習時間も回数も限られたものになるので、「平易かつ短い」ものになるようお願いし、私が「Agnus Dei」を初めに書き上げ、作品の難易度や規模を見てもらって書き進めていただく形を取りました。

　ところが…！若い作曲家たちは難易度や規模の話は忘れてしまったようで、その溢れる才能を遺憾なく発揮した、大規模で華麗な素晴らしい作品が次々と誕生しました。私としては、想定外の展開に戸惑いましたが、曲全体としては、3人の多彩でドラマチックな音楽が次々と展開した後、最後の「Agnus Dei」では不思議な統一感と落ち着き、そして余韻が得られ、静かに曲を閉じる構成となりました。それは、3人の若い作曲家の稀有な才能による巧まざる計算であると気付いたとき、私は深い感動をおぼえました。

　ミサ曲全編を通じて、その清らかで美しい祈りの音楽を味わっていただけるものと思います。また、ここに「新しい創造のかたち」を見出すのは、私ばかりではないのではないでしょうか。

2018年10月

名島啓太

委　嘱　　名島啓太
初　演　　2018年3月18日／北とぴあ　さくらホール
　　　　　《名島啓太とみんなの30年〜指揮者生活30周年記念演奏会〜》
　　　　　指　揮　名島啓太
　　　　　合　唱　合唱団ユートライ、北区民混声合唱団、混声合唱団鈴優会、新潟大学合唱団

4人の作曲家による連作ミサ曲

深き淵より

●全曲の演奏時間＝約16分45秒

Kyrie

森山至貴　作曲
Noritaka MORIYAMA

6

Gloria

相澤直人 作曲
Naoto AIZAWA

14

Meno mosso con alcuna licenza ♩= ca. 84

De - us, Rex coe - les - tis, De - us pa - ter om - ni - po - tens.

Un poco con moto religiosamente

Do - mi - ne Fi - li u - ni - ge - ni - te Je - su

ah, Do - mi - ne Fi - li u - ni - ge - ni - te Je - su

ah, Do - mi - ne Fi - li u - ni - ge - ni - te Je - su

Do - mi - ne Fi - li u - ni - ge - ni - te Je - su Chris - te, Do - mi - ne Fi - li u - ni - ge - ni - te Je - su

Do - mi - ne Fi - li u - ni - ge - ni - te Je - su Chris - te, Do - mi - ne Fi - li u - ni - ge - ni - te Je - su

Do - mi - ne Fi - li u - ni - ge - ni - te Je - su Chris - te, Do - mi - ne Fi - li u - ni - ge - ni - te Je - su

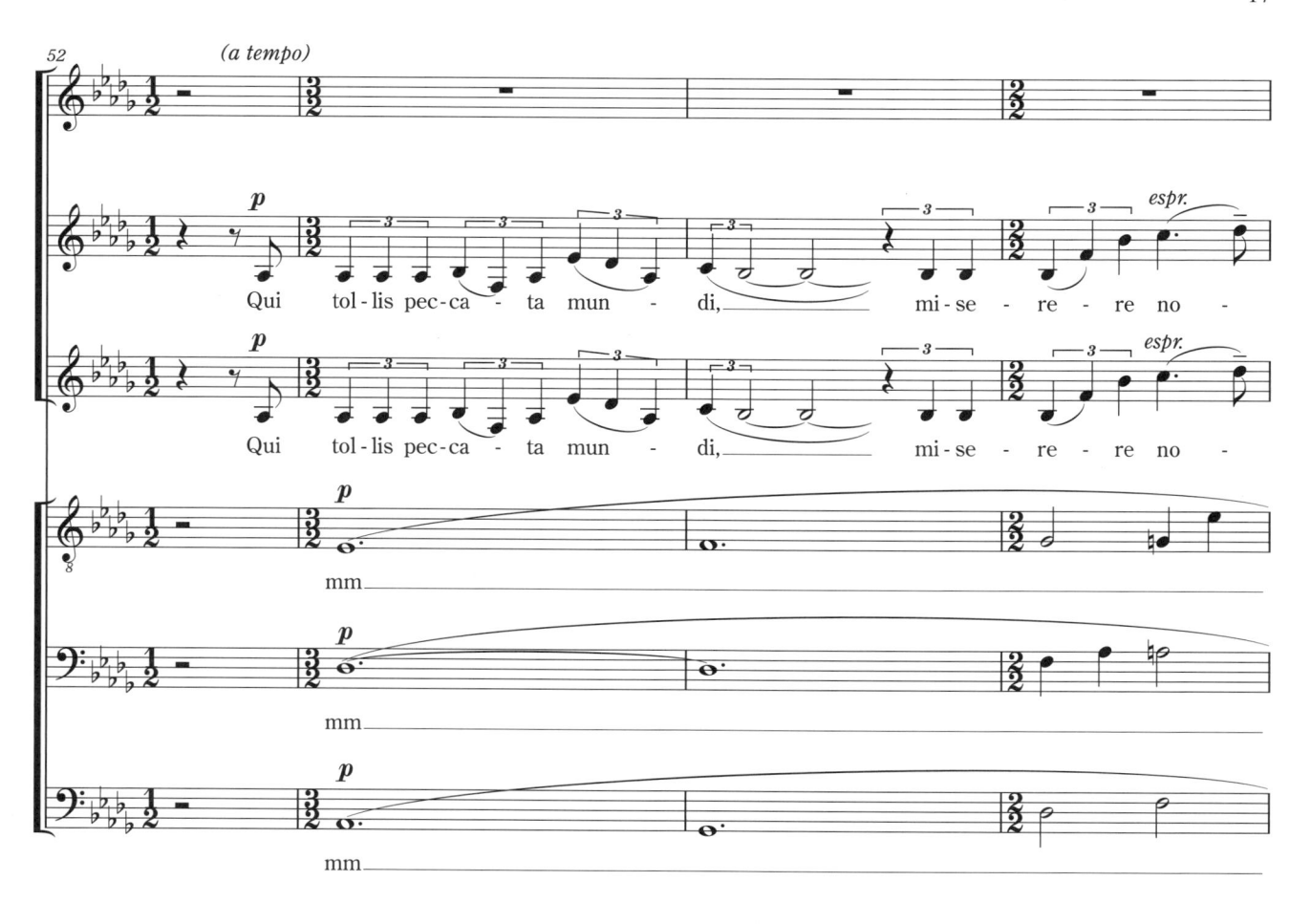

Con spirito

Quo - ni-am tu so - lus san - ctus, Tu so - lus
Quo - ni-am tu so - lus san - ctus, Tu so - lus
Quo - ni-am tu so - lus san - ctus, Tu so - lus
Quo - ni-am tu so - lus san - ctus, Tu so - lus
Quo - ni-am tu so - lus san - ctus, Tu so - lus
Quo - ni-am tu so - lus san - ctus, Tu so - lus

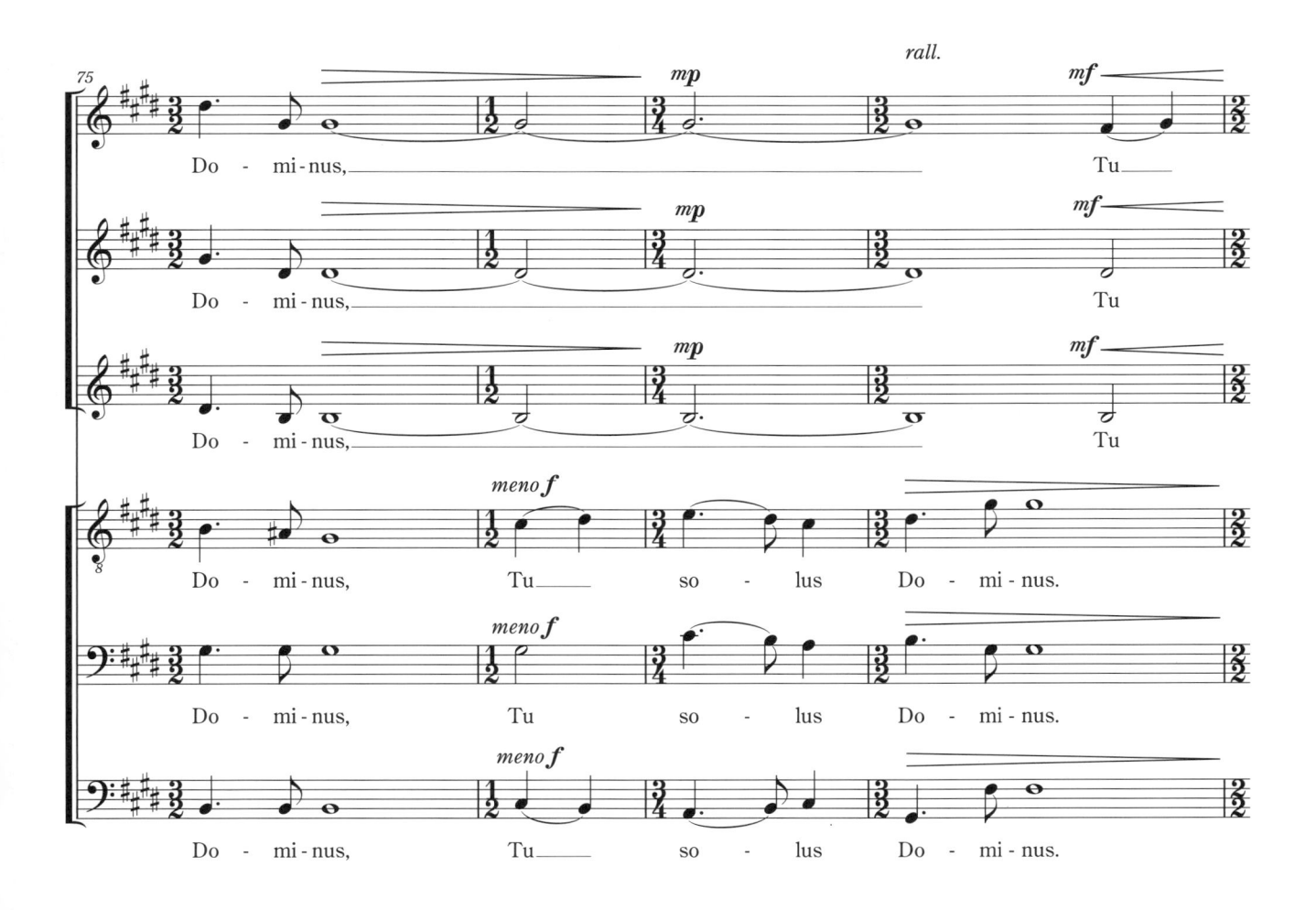

Do - mi - nus, Tu
Do - mi - nus, Tu
Do - mi - nus, Tu
Do - mi - nus, Tu so - lus Do - mi - nus.
Do - mi - nus, Tu so - lus Do - mi - nus.
Do - mi - nus, Tu so - lus Do - mi - nus.

so - lus al - tis - si-mus, Je - su Chri - ste. Cum

so - lus al - tis - si-mus, Je - su Chri - ste. Cum

so - lus al - tis - si-mus, Je - su Chri - ste. Cum

Cum

so - lus al - tis - si-mus, Je - su Chri - ste. Cum

so - lus al - tis - si-mus, Je - su Chri - ste.

San - cto spi - ri - tu, in glo-ri - a De - i pa - tris,_____ Cum_____

San - cto spi - ri - tu, in glo-ri - a De - i pa - tris,_____ Cum

San - cto spi - ri - tu, in glo-ri - a De - i pa - tris,_____ Cum

San - cto spi - ri - tu, in glo-ri - a De - i pa - tris,_____ Cum

San - cto spi - ri - tu, in glo-ri - a De - i pa - tris,_____ Cum

pa - tris, Cum_____

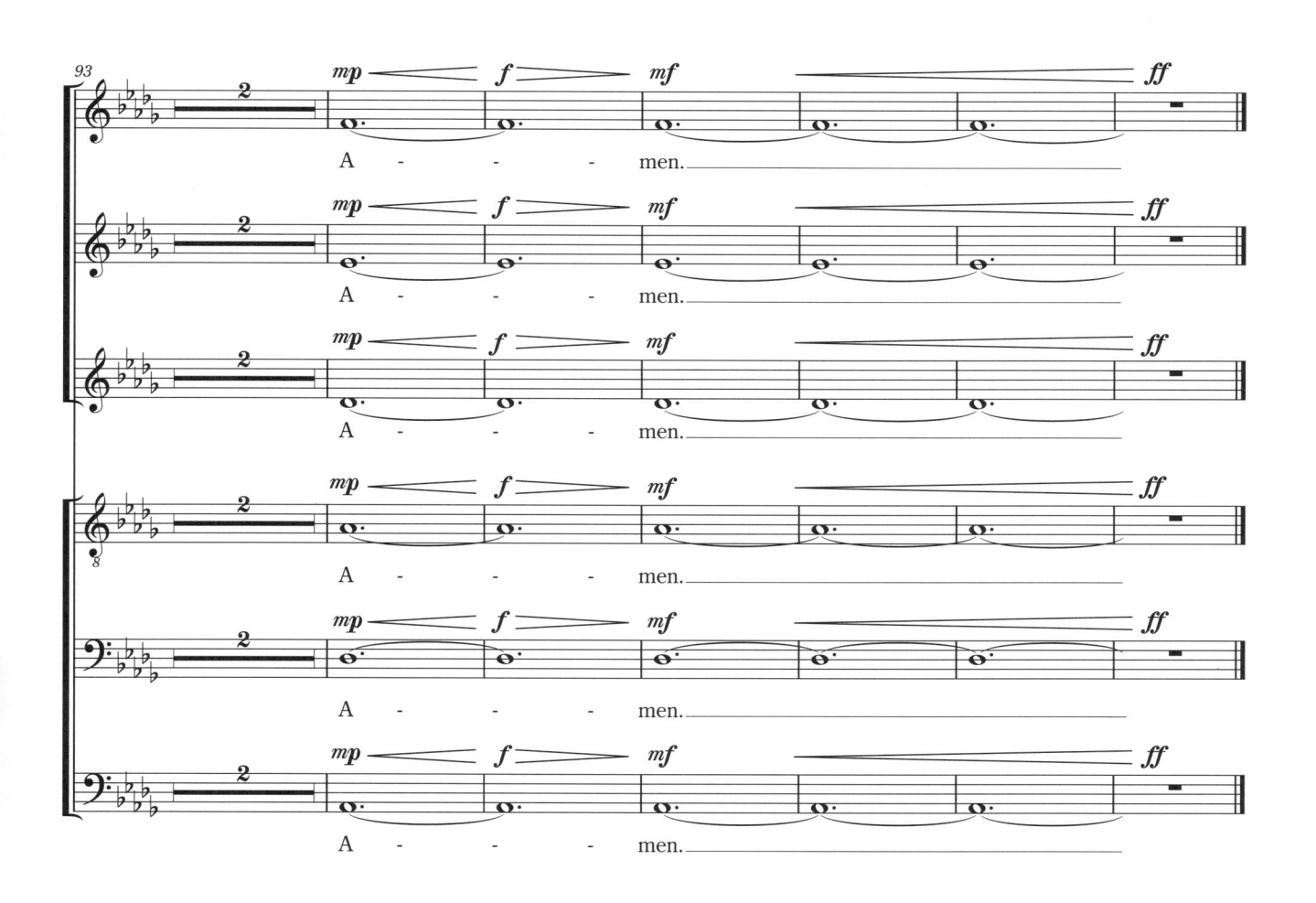

22

Sanctus

市原俊明 作曲
Toshiaki ICHIHARA

Soprano: San - ctus,_____ San - ctus, San - ctus Do - mi - nus

Alto: San - ctus, San - ctus, San - ctus, San - ctus Do - mi - nus

Tenor: dn dn dn dn dn dn simile

Bass: dn dn dn dn dn dn simile

Soprano: De - us, De - us Sa - ba-oth. San - ctus, San - ctus,_____

Alto: De - us, De - us Sa - ba - oth. San - ctus, San - ctus,_____

Soprano: _ San - ctus Do - mi-nus, Do - mi-nus, Do - mi-nus De - us

Alto: _ San - ctus Do - mi-nus, Do - mi-nus, Do - mi-nus De - us

28

Agnus Dei

名島啓太 作曲
Keita NAJIMA

32

楽曲解説

　作曲時、定旋律を美しいハーモニーで彩った終楽章「Agnus Dei」を名島先生がすでにお書きになられていました。この楽章と呼応しミサ曲全体の統一感を構築するため、そしてまずは冒頭楽章で定旋律をはっきりと印象づけるため、「Kyrie」では定旋律をほぼ原型のまま繰り返し用いました。

　ソプラノに導かれての定旋律冒頭の断片を用いた序奏ののち、定旋律を各パートが受け渡しながらコラールを歌っていきますが、F-dur による半終止でコラールは中断されます。

　続くセクションは定旋律を主題として用いた擬バッハ風のフーガです。バッハ特有の「ため息の動機（2度下降）」を、h-moll で始まりいつの間にか b-moll へと下降する（厳密には増1度だが）調性の変容と、クライマックスにおける2度下降と同音維持の併存が形成する「Kyrie」の連呼へと拡大解釈してみました。終結部ではふたたびの荘厳なコラールののち、空虚5度がむなしく響きます。

森山至貴

　この作品を書き始めたのは、Kyrie（森山至貴作曲）、Agnus Dei（名島啓太作曲）の楽譜を拝見したあとでした。この2曲のテクスチャが実に異なっており、この連作ミサが非常に個性的な曲になることが既に約束されている気がしましたので、私も私が愛する和声スタイル（古典派の和声を踏襲しながら三和音に多くの付加音を有し、機能的進行の中にも幾分の自由さを持つ）を採ることを念頭に置いた上で、パイプオルガンの倍音の響きを意識しながら自由に作曲しました。

　統一の素材であるルターのコラール定旋律（深き淵より）の逆光（メロディーを後ろから読む）の反行（音の上下進行を逆に読む）を主旋として採用し、和音の積み重ねも定旋律の連続した音を積み重ねるなど、定番のモティーフ展開技法ではありますが、少々の遊び心も含んでいます。全体には壮大なスケールで、祈りがホールに満ちることを期待される曲となりました。

相澤直人

　この楽章はそれぞれ出典の異なる前半（Sanctus）と後半（Benedictus）の二つの部分から成り立っていて、そのどちらの部分も "Hosanna in excelsis." という共通の句で締めくくられます。今回の連作では四つの楽章全てに共通する主題としてルターの『深き淵より』のメロディーが採用されていますが、私はまずこの主題を "Hosanna in excelsis." に当てはめ、Sanctus と Benedictus の音楽的な共通点を作ることにしました。前半の "Hosanna" はテナーのしめやかなパートソロ、後半は賑やかにハーモナイズされた形でアルトに現れます。

　曲調としては前半部分と後半部分に明確な対比がついていて、前半の Sanctus が自由な転調を含むシリアスな雰囲気であるのに対し、後半の Benedictus はシンコペーションが際立つポップなテイスト。またメロディーのうえでも、『深き淵より』の冒頭から引用した完全五度の下降が多用される Sanctus と、逆に完全五度の上昇から歌い始める Benedictus、というように対照的に書かれています。楽章の最後はめまぐるしい和声進行の末に G の和音に到達し、次楽章 Agnus Dei の冒頭の G 音を導き出します。

市原俊明

　「Sanctus」のラストの和音から導かれた G 音をソプラノが先行して歌い始め、曲はハ長調から始まる。ルターの定旋律の冒頭部分を活かしたメロディを、♯系の長調でシンプルに歌い上げる「Agnus Dei, qui tollis peccata mundi.」、♭系の調に傾き憂いを含んだ「miserere nobis」を交互に歌い、転調を重ねながら8分の6拍子の「Dona nobis pacem」に至る。最後は再びハ長調に回帰し、コラール旋律にのせて高らかに平和を希求した後、最後は平穏な3拍子となり、夢を見るように静かに曲が終わる。

名島啓太

４人の作曲家による連作ミサ曲
深き淵より

Kyrie

Kyrie eleison.
Christe eleison.
Kyrie eleison.

あわれみの讃歌

主よ、あわれみたまえ。
キリストよ、あわれみたまえ。
主よ、あわれみたまえ。

Gloria

Gloria in excelsis Deo.
Et in terra pax hominibus bonae voluntatis.
Laudamus te, Benedicimus te,
Adoramus te, Glorificamus te.
Gratias agimus tibi propter
       magnam gloriam tuam.
Domine Deus, Rex coelestis,
Deus pater omnipotens.
Domine Fili unigenite, Jesu Christe.
Domine Deus, Agnus Dei, Filius Patris.
Qui tollis peccata mundi, miserere nobis.
Qui tollis peccata mundi,
      suscipe deprecationem nostram;
Qui sedes ad dexteram Patris, miserere nobis.
Quoniam tu solus sanctus, Tu solus Dominus.
Tu solus altissimus, Jesu Christe.
Cum Sancto spiritu, in gloria Dei patris, Amen.

栄光の讃歌

天のいと高きところには、神に栄光。
地には、善意の人に平和あれ。
われらは主を誉め、主を讃え、
主を拝み、主を崇め、
主の大いなる栄光のゆえに
主に感謝し奉る。
神なる主、天の王、
全能の父なる神よ。
主なるおんひとり子、イエズス・キリストよ。
神なる主、神の仔羊、父の御子よ。
世の罪を除きたもう主よ、われらをあわれみたまえ。
世の罪を除きたもう主よ、
われらの願いをききいれたまえ。
父の右に座したもう主よ、われらをあわれみたまえ。
主のみ聖なり、主のみ王なり、
主のみいと高し、イエズス・キリストよ。
聖霊と共に、父なる神の栄光のうちに。アーメン。

Sanctus

Sanctus, Sanctus, Sanctus Dominus Deus Sabaoth.
Pleni sunt coeli et terra gloria tua.
Hosanna in excelsis.

Benedictus qui venit in nomine Domini.
Hosanna in excelsis.

感謝の讃歌

聖なるかな、聖なるかな、聖なるかな、万軍の神なる主。
主の栄光は天地にみつ。
天のいと高きところにホザンナ。

ほむべきかな、主の名によりて来たる者。
天のいと高きところにホザンナ。

Agnus Dei

Agnus Dei, qui tollis peccata mundi,
miserere nobis.
Agnus Dei, qui tollis peccata mundi,
Dona nobis pacem. Amen.

平和の讃歌

神の仔羊、世の罪を除きたもう主よ。
われらをあわれみたまえ。
神の仔羊、世の罪を除きたもう主よ。
われらに平安を与えたまえ。アーメン。

4 人の作曲家による連作ミサ曲 　深き淵より　　森山至貴・相澤直人・市原俊明・名島啓太 作曲

●発行所＝カワイ出版（株式会社 全音楽譜出版社 カワイ出版部）
　　　〒 161-0034 東京都新宿区上落合 2-13-3　TEL 03-3227-6286 ／ FAX 03-3227-6296
　　　出版情報 http://editionkawai.jp
●楽譜浄書＝中野隆介　●印刷・製本＝ NHK ビジネスクリエイト

2018 年 11 月 1 日 第 1 刷発行
2019 年 2 月 1 日 第 2 刷発行

ISBN978-4-7609-1984-0